आखिरी खत

(Akhri khat)

जो तुम तक कभी पहुंचे ही नहीं।

(The letters that never reached you.)

notionpress.com

INDIA • SINGAPORE • MALAYSIA

समर्पण

उस पते के नाम...
जो अब मेरा ना रहा।

– ♡ –

DEDICATION

To the address...
That is no longer mine.

अपनी बात

कुछ यादें दीमक की तरह होती हैं, जो अंदर ही अंदर खा जाती हैं। लोग कहते हैं वक्त के साथ सब ठीक हो जाता है, सच तो यह है कि कुछ ठीक नहीं होता है। वक्त सिर्फ तुम्हें दर्द के साथ जीना सिखाता है।

इसलिए इससे बचने के लिए मैंने इसको कागज़ पे खरोंच दिया। "आखिरी खत" सिर्फ एक किताब नहीं है, यह उस अक्स का हिस्सा है जो एक मुकम्मल रिश्ते के टूटने के बाद पीछे छूट जाता है। इसका हर लफ्ज़ एक आँसू है, और हर पन्ना एक बीती हुई रात।

उम्मीद है, इन पन्नों को पढ़ते हुए आप भी अपनी उन अधूरी बातों से सुलह कर पाएंगे, जिन्हें आपने कहीं दफ़न कर दिया था।

~ ♡ ~

Author's Note

Some memories are like termites; they consume you from within. People say time heals everything, but the truth is, nothing truly heals. Time simply teaches you how to live alongside the pain.

To survive this, I have scratched my heart onto these pages. "Akhri Khat" is not just a book; it is a fragment of the reflection left behind after a once-perfect relationship shatters. Every word is a tear, and every page is a night lived through.

I hope that as you read these pages, you are able to make peace with the unfinished conversations you once buried deep within yourself.

~ ♡ ~

Contents

Part 2: विरह (The Anatomy of Longing)

Part 3: ख़त (Letters Written to Nobody)

Part 4: राख (Beauty in the Aftermath)

~ ♡ ~

Part 1:

ख़ामोशी

(The Architecture of Silence)

1. राख होने से पहले

तुम मुझे भुला देना, मेरी
अस्थियाँ तुम गंगा में
बहा देना, मेरा नाम
अपने सीने से मिटा देना,
तुम कहना किसी और को
अपनी राधा, अपना सपना बताना,
तुम मुझे भुला देना,
तुम किसी और को अपनी
गोद में सुला देना।
मृत्यु की अग्नि जब पुकार
लेगी मुझे, जब आखिरी बार
सजाओगे मुझे, तुमसे तब
मैं दूर चली जाऊँगी,
तुमसे परे किसी और
दुनिया में बस जाऊँगी,
मैं जब किसी आसमान
में एक तारा बन जाऊँगी,
तब तुम मुझे भुला देना,
मेरी यादों को किसी
बक्से में सुला देना।

~ ♡ ~

The Will of Forgetfulness

Let me fade from your mind,
As my ashes find their home in the Ganges.
Erase my name from the depths of your chest,
And grant yourself the mercy of forgetting.
Go, tell another woman she is your "Radha,"
Make her the new dream you choose to hold.
Forget me, and find peace;
Let another soul sleep within your embrace.
When the fire of death finally calls for me,
And you dress me for my final journey
I will drift far beyond your reach,
Into a world past the edge of our own.
When I transform into a star in the distant sky,
That is when you must truly let go.
Forget me then, and take my memories
And lull them to sleep inside a locked box.

~ ♡ ~

2. एक दिन मैं चली जाऊंगी

एक दिन मैं चली जाऊंगी, बहुत दूर...
एक घर बनाऊंगी, बचपन का आंगन जब छूटेगा
तो मैं एक सुंदर सा सपना सजाऊंगी।
अपना माना था जिनको कभी, मैं उनके
सीने में दर्द बन उतर जाऊंगी,
देखूंगी ना प्रेम की ओर फिर कभी,
मैं अब खुद में उमंग दौड़ाऊंगी।
किसी साथी का इंतज़ार ना करूंगी अब बस,
अकेले चलती जाऊंगी,
लहर बन ठहर जाऊंगी, नदी बन कर बह जाऊंगी।
अश्रु बन आँखों से निकल जाऊंगी,
मुस्कान बन फिसल जाऊंगी...
एक दिन मैं चली जाऊंगी, मैं चली जाऊंगी।

~♡~

The Departure

One day, I will be gone far, far away.

I will build a house of my own when the courtyard of my childhood is left behind.

I will descend as a silent ache into the hearts of those I once called mine.

I will no longer wait for a companion, nor seek the thrill of love.

I will walk alone, becoming a wave that settles, a river that flows.

I will slip through eyes as a tear, and linger on lips as a fading smile.

“One day, I will be nothing more than the silence I leave behind.

~ ♡ ~

3. अजनबी होने का सुकून

तो अब मैं तुम्हे नहीं जानती,
अब मैं नहीं जानती तुम्हारे क्या पसंद है, क्या नहीं।
अब शायद कोई और बन गयी हूँगी तुम्हारी ज़िंदगी,
शायद उसकी बाहों में तुम्हे सुकून मिलता होगा,
अब उसके गुनाहों में तुम्हे जन्नत मिलता होगा।
ना जाने अब उसे तुम पर कैसा गुस्सा आता होगा,
ना जाने अब तुम्हे कौन सुबह जगाता होगा...
अब तेरी गलती पर, क्या उसे अब वैसा ही गुस्सा आता होगा?
क्योंकि अब तो मैं नहीं जानती, तुम कैसे होगे।

~♡~

The Stranger

So now, I no longer know

I no longer know what you love, or what you despise.

Perhaps someone else has become your world now,

Finding peace within your arms,

Finding heaven even within your sins.

I wonder how she reacts to your anger,

And I wonder who wakes you up in the morning now.

When you stumble, does she still get as angry as I once did?

I wouldn't know

Because I no longer know who you have become

~ ♡ ~

4. धनतेरस की चांदी, सड़क का दीया

तू सूरज की पहली किरण,
मैं शमशान का अंधेरा प्रिये।
तू किसी बड़े घर का बेटा,
मैं किसी गरीब की झोली।
तू धनतेरस की चांदी,
मैं सड़क किनारे बिकता हुआ दीया प्रिये।
तू दिवाली का नया कुर्ता,
मैं फटा पुराना कपड़ा प्रिये।
तू चाँद सा सुंदर, मैं हज़ार तारों में से एक तारा,
तू चाय का पहला सिप, मैं कौआ सा प्यासा प्रिये।
तू जुगनू का चमकता सा जंगल अधूरा,
मैं सिर्फ़ एक प्रेमिका तेरी, और तू इकलौता प्रिये मेरा।

~ ♡ ~

The Distance Between Us

You are the sun's first ray,

And I am the darkness of the grave, my beloved.

You are the son of a mansion,

While I am a beggar's empty lap.

You are the silver of Dhanteras,

I am the clay lamp sold on the roadside, my beloved.

You are a brand new Diwali kurta,

I am but tattered, old rags, my beloved.

You are as beautiful as the moon; I am just one star among thousands,

You are the first sip of tea; I am the parched crow, waiting.

You are a glowing forest of fireflies, left unfinished;

I am merely a lover of yours, but you are my only beloved.

~ ♡ ~

5. कुछ तो तेरा भी होगा

कुछ तो तू भी सोचता होगा,
कुछ तो तू भी महसूस करता होगा।
कभी-कभार तो तेरी आँखें भी भर आती होंगी,
कभी-कभार तू भी मेरी तस्वीर देखता होगा।
कुछ तो मेरा होगा तेरे पास भी,
कुछ फूल तो तूने भी संभाल कर रखे होंगे।
कुछ ग़ज़लें तो तूने भी लिखी होंगी, कुछ आँसू तो तूने भी बहाए होंगे,
कुछ तो तूने भी प्यार किया होगा, कुछ किस्से तू भी सुनाता होगा।
कुछ तो इश्क से तुझको भी डर लगता होगा,
कुछ बातें तुझे सताती होंगी।
कुछ रातें तूने भी बिन सोए काटी होंगी,
कुछ गानों को अब तू भी ना सुनता होगा।
कुछ तो तुझे भी याद आती होगी,
कुछ सोच तुझे भी सताती होगी।

~ ♡ ~

Something of Yours Too

Surely, you must think of it too,

Surely, you must feel it too.

Perhaps your eyes well up sometimes,

Perhaps you still look at my photograph.

There must be something of mine still with you;

Surely, you've kept a few withered flowers saved.

You must have written ghazals too, and shed your share of tears;

You must have loved me once, and you must still tell our stories.

Surely, love frightens you now, too;

Surely, certain words still haunt you.

You must have spent nights without sleep,

And there must be songs you can no longer bear to hear.

Surely, you remember me too;

Surely, the thought of us still torments you.

~ ♡ ~

6. प्रेम क्या है?

प्रेम इंतज़ार है, इंतज़ार ही तो था
जो अब उस इंतज़ार का अंत बन गया हो,
इंतज़ार ही तो था तब भी, जब तुमने इंतज़ार किसी और का किया हो।
जैसे राँझा ने हीर का इंतज़ार किया था,
जैसे मीरा ने कृष्ण का इंतज़ार किया था,
तुम वैसा इंतज़ार करना...
उस प्रकार इंतज़ार करना,
उस सड़क किनारे बैठे कुत्ते की तरह, शमशान में पड़ी उस लाश की तरह,
जैसे इंतज़ार करता है एक भूखा खाने के लिए, प्यासा पानी के लिए, चाँद तारों के लिए।
तुम इंतज़ार करना उस तरह
इंतज़ार करना जैसे मैंने किया तुम्हारे लिए,
उस तरह मैं रोज़ मरी तुम्हारे लिए...
तुम करना इंतज़ार।

~ ♡ ~

What is Love?

Love is the wait it was this very wait

That eventually became the end of all waiting,

A wait that endured even when you were waiting for another.

Wait in that way

Like a dog sitting by the roadside, like a corpse lying in the crematorium.

As the hungry wait for food, the parched for water, the moon for the stars.

Wait in that manner; wait as I have waited for you.

The way I died a little every single day for you

Now, you must wait.

~ ♡ ~

7. अब थक चुकी हूँ मैं

तो अब मुझे प्रेम नहीं चाहिए,

मुझे नहीं चाहिए अधूरी बातें, खाली रातें, झूठे ये सब वादे।

अब मुझे नहीं चाहिए...

अब मैं थक चुकी हूँ, अब मुझे ये सब कुछ नहीं चाहिए।

मुझे किसी की पत्नी नहीं बनना,

मुझे अब किसी का घर नहीं सजाना।

मुझे फिर शर्माना नहीं है, तुम न दिखो तो फिर घबराना नहीं है।

मुझे अब इस ज़माने में किसी के लिए नहीं लड़ना,

मुझे अब प्रेम नहीं करना।

मुझे अब किसी को नहीं निहारना,

मुझे फिर उस काँच सा नहीं बिखरना।

अब कुछ भी हो जाए, पर मुझे प्रेम नहीं करना।

~ ♡ ~

I am Exhausted

I am tired now So now, I do not want love.

I do not want incomplete conversations, empty nights, or all these false promises.

I don't want them anymore...

I am exhausted now; I don't want any of this.

I do not wish to be anyone's wife,

Nor do I wish to build a home for anyone.

I don't want to blush anymore, or panic if you aren't in sight.

I no longer want to fight the world for anyone,

I no longer want to love

I don't want to gaze at anyone with longing,

I don't want to shatter like glass ever again.

No matter what happens now I will not love

~ ♡ ~

8. परिंदा

तो मैं अगले जनम ईश्वर से कहूँगी,

मुझे बस एक पंछी बना देना।

ताकि उड़ जाऊँगी जब ये दुनिया भारी लगेगी,

थक कर बैठ जाऊँगी और सोचूँगी उन गुज़रे हुए पलों को।

जब ना बोझ तुम होगे, ना बोझ ये जीवन होगा,

जहाँ तुम उड़ ना सकी, उस जीवन से तो तुम हारी हो।

तुम आसमान से लड़ नहीं सकते,

मैं चाहे जिस पेड़ पर घोंसला बनाऊँगी, चाहे उस पेड़ को घर सा सजाऊँगी,

बस... कोई मुझसे सवाल ना करे।

प्रश्न ना पूछो, मैं उस दिन आज़ाद होऊँगी,

मैं एक दिन पंछी बनकर उड़ जाऊँगी।

मैं अपने पंख इतनी तेज़ फड़फड़ाऊँगी,

कि एक महादेश से दूसरे महादेश चली जाऊँगी।

मैं कहीं दूर भाग जाऊँगी,

बस एक दिन मैं पंछी बन जाऊँगी।

~ ♡ ~

The Winged One

In the next life, I will tell God:

"Just make me a bird."

I will fly away when this world feels too heavy,

I will sit and rest to contemplate moments long gone.

When neither you nor this life remain a burden

The life you could not fly from, the one you lost to.

You cannot fight the sky.

Whichever tree I choose to nest in, whichever branch I decorate as home,

Let no one… just let no one question me.

Ask me no questions; on that day, I will be free.

One day, I will fly away as a bird.

I will flap my wings so fiercely

That I will cross from one continent to the next.

I will run far away to some distant place,

For one day… I will surely become a bird

~ ♡ ~

9. मुसाफ़िर

मुसाफ़िर हूँ मैं, प्यार करना मेरी किस्मत नहीं, नफ़रत मेरी फ़ितरत नहीं।

कहानी लिखी है मेरी पर इस कहानी में कोई किरदार नहीं।

लोग आवारा कहते हैं मुझे, तो मैं आवारा सही,

मुसाफ़िर हूँ मैं, ये कोई खेल नहीं।

मैं कायर नहीं पर मैं शायर भी नहीं,

मंज़िल की तलाश करता हूँ पर ये मंज़िल पसंद नहीं।

लोग कहते हैं मुझे बेचारा, पर शायद मैं एक बादल आवारा।

हाँ मैं मुसाफ़िर हूँ, समाज की किस्तों से दूर,

अपने जीवन के रिश्तों से भी दूर।

आवारा हूँ, खुश हूँ, खेद नहीं आज़ाद हूँ,

मन करे तो पंछी की तरह उड़ जाता हूँ,

थक कर फिर रुक जाता हूँ।

पर क्या करें मुसाफ़िर हूँ ना, इसलिए कभी हार नहीं मानता

~ ♡ ~

The Traveller

I am a traveller.

Love is not my destiny, and hate is not my nature.

A story has been written about me, but there is no character in it.

Call me a vagabond if you must; I will own it.

I am no coward, but I am no poet either.

I look for a destination, yet I refuse to settle for one.

They see me as helpless, but I am just a wandering cloud,

Far from the social debts and the weight of ties.

I am a wanderer, I am happy; without regret, I am free.

Like a bird, I take flight on a whim and rest when I tire.

But what else can I be? I am a traveller, and a traveller never surrenders.

~ ♡ ~

10. पुराने दोस्त के नाम एक खत

हाय, कभी-कभी लगता है तुमसे पूछ लूँ कि तुम कैसी हो?
पर अब क्या फर्क पड़ता है।
तुम्हें लगता होगा कि मेरे नए दोस्त बन गए हैं,
और मैं तुम्हें भूल गई हूँ... पर नहीं, यह सच नहीं है।
दोस्त ज़रूर बन गए हैं, पर तुम जैसे नहीं बने,
तुम सा आराम अब और कहाँ है?
तुम्हें मेरे बारे में सब पता है और मुझे तुम्हारे बारे में सब,
पर अब हम एक-दूसरे से बात नहीं करते, ना कोई मुलाकात होती है।
शायद अब हमारे जीवन के सफ़र का यह हिस्सा खत्म हो चुका है,
आशा है... तुम जहाँ भी हो, खुश रहोगी।

~ ♡ ~

A Letter to a Friend whose not a Friend Anymore

Hi…

Sometimes, I feel like asking you,

"How have you been?"

But then, what difference does it make now?

You probably think I have found new friends,

And that I have forgotten you.

But no, that isn't the truth.

I have made friends, it's true, but none like you.

Where else can I find a comfort like the one I had with you?

You know everything about me, and I know everything about you,

Yet we don't speak to each other anymore.

There are no more meetings.

Perhaps this chapter of our life's journey has ended.

I only hope… that you stay happy.

~ ♡ ~

11. कृष्ण

कभी हो तुम बंधु-सखा मेरे, कभी बन जाते प्रेमी,

कभी पिता सा सम्मान मिलता, कभी भाई सा आदर पाता।

कोई बन जाता मीरा मेरे इंतज़ार में, तो कोई राधा मेरे प्रेम में,

कोई रुक्मणी का बिन देखे मुझको चाहता।

कोई अर्जुन सा दोस्त मानता, अब हर प्रेमी को कन्हैया कहा जाता,

कान्हा हर बच्चे को, गोपीनाथ बन जाता मैं गोपियों के लिए।

विष्णु हूँ असुरों के लिए, गोविंदा कह पुकारती ये गैया है,

जगन्नाथ मैं दुनिया के लिए।

मनोहर हूँ सबका मैं, कभी बन जाता नारायण तो कभी सुदर्शन,

श्याम हूँ कुछ के लिए, सनातन हूँ सबके लिए।

प्रियतम हूँ मैं राधा का,

और कृष्ण हूँ मैं तेरे लिए।

~ ♡ ~

Krishna

Sometimes you are my companion, sometimes my lover,

In you, I find the respect of a father and the honor of a brother.

One becomes Meera in wait, another becomes Radha in love,

And one like Rukmani loves you without ever having seen you.

An Arjuna finds a friend in you, and every lover is now called Kanhiya,

Every child is Kanha, and I become Gopinath for the Gopis.

I am Vishnu for the demons, the cows call out to me as Govinda,

And for the world, I am Jagannath.

I am the enchanter of all; sometimes Narayan, sometimes Sudarshan,

I am Shyam for a few, but I am Sanatan the Eternal for everyone.

I am the beloved of Radha,

And I am Krishna, just for you.

~ ♡ ~

12. मकान या श्मशान?

तुम कहते हो घर को जाओ, पर बताओ कैसा घर?
जहाँ गूँजती थी चीखें और रहता था हर पल डर।
जहाँ हर रोज़ शराब की बोतल का नज़ारा था,
वह मकान कभी न हमारा, न प्रेम का सहारा था।
वह घर जहाँ खामोशियाँ ही बस बातें करती थीं,
जहाँ दीवारें भी सिसकियों से डरा करती थीं।
जहाँ माँ के आँसू और बाप का वो गुस्सा देखा,
मैंने बचपन से ही बस गमों का वो किस्सा देखा।
डर के घुँघरू पहन कर जहाँ मैं नाचती रही,
सहते-सहते ही मैं खुद को रोज़ जाँचती रही।
तुम पूछते हो इतनी आसानी से कि "घर क्यों नहीं जाते?"
ज़ख्म गहरे हैं इतने कि हम बता भी नहीं पाते।
वह कभी घर था ही नहीं, बस एक ईंटों का मकान था,
जहाँ नफरत मुझे खा रही थी, ऐसा वो श्मशान था।

~♡~

Home or a Graveyard

You tell me to go home, but tell me, what home?
Where screams echoed and every moment was a haunt of fear.
Where daily sightings of alcohol bottles were the norm,
That house was never ours; it was never a shelter for love.
A place where only silences ever spoke,
Where even the walls were terrified by the sound of sobs.
Where I witnessed my mother's tears and my father's rage,
Since childhood, I have only known this tale of sorrow.
Where I kept dancing, wearing the anklets of fear,
Constantly testing my own endurance as I suffered through.
You ask so casually, "Why don't you go back home?"
But the wounds are so deep, words fail to explain.
It was never a home, just a building made of bricks,
A graveyard where hatred was slowly consuming me.

~ ♡ ~

13. अपना घर

एक दिन मेरा अपना घर होगा,
ना मेरे पति का, ना पिता का, वह मेरे नाम पर होगा।
जहाँ की रोशनी को मैं खुद सजाऊँगी,
अपने घर को मैं दिल से बनाऊँगी।
कोई कुछ पूछेगा नहीं, कोई किसी पर चिल्लाएगा नहीं,
भले ही छोटा हो, पर वह घर सच में घर होगा।
वहाँ की दीवारें भी एक-दूसरे से प्यार करेंगी,
फूल खिलेंगे, दिल मिलेंगे, और तितलियाँ उड़ा करेंगी।
वह घर जो महकेगा सदा 'इश्क के इत्र' से,
जब थक कर लौटूँ, तो मन खुश हो जाए मेरा।
बड़ी खिड़कियाँ होंगी और बड़ा सा आँगन,
जहाँ नए सपने उभरेंगे और दिल ठहर जाएगा।
पुराने घर के बिखरे टुकड़े फिर से सँवारूँगी,
एक दिन मेरा अपना घर होगा, जो वाकई "घर" होगा

~ ♡ ~

A Home of My Own

One day, I will have a home of my own,

It won't belong to a husband, nor to a father it will be in my name.

I will decorate its lights myself,

And build this sanctuary from the depths of my heart.

No one will question me there; no one will scream at another,

However small it may be, it will be a home a real home.

There, even the walls will exchange love with one another,

Flowers will bloom, hearts will meet, and butterflies will take flight.

That home will forever be fragrant with the 'perfume of love,'

And when I return weary, my soul will find its joy.

There will be large windows and a wide courtyard,

Where new dreams emerge and the heart finally finds rest.

I will mend the scattered pieces of my old life,

One day, I will have a home… that is truly a "home."

~ ♡ ~

14. ख़ामोशी की आवाज़

सन्नाटों की भी एक अपनी ही चीख़ होती है,
इतनी गहरी, कि रूह के पर्दे फाड़ दे।
अगर बैठो इसके संग ज़रा देर तक,
तो यह तुम्हारी तन्हाई को पहचान लेती है
किसी की कमी का एक अनकहा शोर।
पहले पहल यह किसी शांत दरिया सी लगती है,
फिर धीरे-धीरे ये ज़ख्मों की तरह बोलने लगती है।
यह किसी अपने पसंदीदा इंसान जैसी है,
जो पल भर में बिल्कुल अजनबी हो गया हो।
यह आँखों से रिसते हुए लहू की तरह है,
खुद को ही भीतर से टूटते हुए देखना,
और अपनी ही यादों में घुटते हुए महसूस करना।
सन्नाटों की भी एक अपनी ही चीख़ होती है:
और ये दुनिया का सबसे शोर भरा सवेरा है

~ ♡ ~

The Voice of Silence

Silence has a scream,
So loud it tears your ears into halves.
If you sit with it long enough,
It learns your shape
A monologue of absence.
Silence is deep and quiet at first,
Then it becomes a yapper.
It's like your favorite person
Who suddenly turned into a stranger.
It's like bleeding through your eyes,
Watching your skull rot,
And your living flesh eaten by worms.
Silence has a scream:
It's the loudest thing of all.

~ ♡ ~

Part 2:

विरह

(The Anatomy of Longing)

15. चाँद की बेटी

सुना है, तुम चाँद की बेटी हो,
पुरानी ग़ज़लें सुनती हो, और अपनी ही धुन में इतराती हो।
महबूब की छेड़खानी पर तुम आज भी शर्माकर चुप हो जाती हो,
बड़ी चंचल, बड़ी नटखट, सुना है तुम किसी से नहीं डरती हो।
अपने उसूलों पर जीती हो, नफ़रत का सामना भी प्यार से करती हो,
रातों के सन्नाटे में तुम अकेले रहना पसंद करती हो।
तुम्हारी चमक से जलने वाले तो बहुत मिलेंगे इस दुनिया में,
क्योंकि तुम्हारी ऊँची उड़ान सबकी आँखों को नहीं भाती है।
सबके लिए करते-करते अक्सर खुद को भूल जाती हो,
घने अंधेरों में तुम उम्मीद की रौशनी लाती हो।
कविताएँ लिखती हो, अपनी बेबाक बोली दुनिया को सुनाती हो,
शायद इसी जद्दोजहद में कभी-कभी खुद को खो देती हो।
तो सुनो! अब थोड़ा खुद से भी प्यार कर लिया करो,
बेवजह की चिंताओं को दिल से रुखसत किया करो।
तुम अनमोल हो, क्योंकि आखिर तुम चाँद की बेटी हो।

~ ♡ ~

Daughter of the Moon

I've heard that you are the daughter of the moon,
Listening to ancient ghazals, lost in your own rhythm.
When your beloved teases you, you still hide behind a shy silence,
So spirited, so mischievous they say you fear no one.
You live by your own principles, meeting hatred with a heart full of love,
Finding comfort in the solitude of the lonely night.
The world may burn with envy at the sight of your glow,
For your high flight is a sight their eyes cannot bear.
In doing for everyone else, you often forget yourself,
Bringing light into the deepest of shadows.
You write poems, making the world hear your fearless voice,
Yet In this constant struggle, perhaps you lose yourself sometimes.
So listen! Start loving yourself a little more,
Let go of the worries that weigh down your soul.
You are precious after all, you are the daughter of the moon.

~ ♡ ~

16. फूलों की किस्मत

कोई गजरा बन तुम्हारे बालों में लिपट जाते हैं,
तो कोई माला बन किसी तस्वीर पर चढ़ जाते हैं।
कोई गुलदस्ता बन किसी के हाथों में थम जाते हैं,
तो कोई सूखा गुलाब बन किताब के पन्नों में कैद हो जाते हैं।
कई चढ़ते हैं किसी की कब्र पर खामोशी बनकर,
तो कोई फिसलता है किसी के गले पर प्यार बनकर।
प्रेम में अक्सर फूल पिरोए जाते हैं,
पर कुछ सजाए जाते हैं मरण की सेज पर।
किसी का घर सजता है, तो कोई बिखर जाता है,
किसी की किस्मत ईश्वर के पास, तो कोई सड़क किनारे पाया जाता है।
ये फूलों की किस्मत भी कैसी अजब कहानी है,
जो मृत्यु और जीवन, दोनों को साथ लेकर चलती है।

~ ♡ ~

The Destiny of Flowers

Some become a garland, entwined within your hair,
While others hang on frames, a silent, lonely prayer.
Some rest in bouquets, held tight in trembling hands,
While a dried rose stays imprisoned where time stands.
They adorn the beds of lovers and the silence of the grave,
Witness to the secrets that the heart and soul must save.
One bloom reaches the heavens, another dies on the street,
A strange, bitter fate where the end and beginning meet.
Such is the life of a flower, delicate and grand,
Walking with Life and Death, hand in hand.

~ ♡ ~

17. आपकी बेटी

माँ, मेरा घर कौन सा है? न बाबा का, न पति का,
कोई कोना तो होगा मेरा, न कि महफ़िल में सिर्फ़ किसी एक का।
तुम कहती थी रोती लड़की अच्छी नहीं लगती,
फिर क्यूँ आज पिंजरे में मेरी सिसकियाँ नहीं पहुँचती?
तुम मुझे 'गुड़िया' कह कर लाड़ करती थी ना माँ,
फिर क्यूँ आज मुझे पिंजरे में ही कैद करना था?
तुम कहती थी कि तुम मुझसे सबसे ज़्यादा प्यार करती हो,
फिर क्यूँ मुझे किसी और के पास भेजने पर सँवरती हो?
आप छोड़ते हो ज़िन्दगी जिस मोड़ पर,
क्या पता नहीं कि आप क्या तोड़ रहे हो?
बेटा नहीं बेटी हूँ माँ,
इसलिए शायद आज आप मुझे अजनबी को सौंप रहे हो।

~ ♡ ~

Your Daughter

Mother, which home is mine? Not father's, nor the man I wed,

Is there no corner of my own, but a stranger's life instead?

You told me crying girls look plain, they aren't a pretty sight,

Then why do you turn away today, from my sobbing in the night?

You called me your little "doll" with a love so sweet and deep,

Then why is a cage the only place where your doll you choose to keep?

You said your love for me was more than anyone could show,

Then why do you smile as you dress me up, and tell me I must go?

You abandon my life at a crossroads where everything feels wrong,

Do you even know what you're breaking, or where I truly belong?

I am a daughter, Mother not a son you'd fight to save,

So you hand me to a stranger, and to silence, I am a slave.

~ ♡ ~

18. मैं अनाथ हूँ

मैं अनाथ हूँ, क्योंकि मेरा अपना कोई घर नहीं,
इस बड़ी सी दुनिया में मेरा कोई हमसफ़र नहीं।
बस एक मकान है, जिसमें अनजाने से कुछ लोग हैं,
पर मेरी रूह के लिए, वो बस सन्नाटों के रोग हैं।
दुनिया के आगे तो हम एक खुशहाल परिवार हैं,
पर बंद दरवाजों के पीछे, मुझे बस प्यार का इंतज़ार है।
मुझे लगता है इस मकान के पार भी एक संसार है,
जहाँ खुशियाँ हैं, सुकून है, और मेरा कोई इंतज़ार है।
अब इस बाहरी दुनिया में मैं अपनी ही धुन में खुश हूँ,
किसी से कोई शिकवा नहीं, अब मैं एक आज़ाद रूह हूँ।

~ ♡ ~

I am an Orphan

I am an orphan, for no home truly calls my name,
In this vast world, no one shares my secret flame.
There is only a building where strangers come and go,
But the people inside are souls I'll never know.
Before the world, we wear a happy family's disguise,
But behind locked doors, only my waiting heart cries.
I believe beyond these walls, a different realm must be,
Full of peace and promises, waiting there for me.
And in this outer world, I've found a joy so true,
With no more grudges left just a soul born anew.

~ ♡ ~

19. वो बच्ची

कहाँ गई वो बच्ची? उसे मारा गया या वो मर गई?
बचपन की वो हँसी, न जाने किस गम की भेंट चढ़ गई।
जो एक खिलौने के लिए रोती थी, आज सब खोकर भी मुस्कुराती है,
जो कभी अकेले रहने से डरती थी, आज तन्हा ही जीती जाती है।
घर की इज़्ज़त का बोझ उन नन्हे हाथों ने उठा लिया,
ज़िम्मेदारियों के बस्ते ने शायद सपनों को ही दफना दिया।
एक 'अच्छी बेटी' बनने के फेर में वो खुद को कहीं खो बैठी है,
जो माँ की गोद में रोती थी, आज हँसकर हर दर्द छुपा बैठी है।
अब कहाँ गई वो बच्ची? क्या कोई मुझे बताएगा?
क्या वो सच में मर गई, या उसे दुनिया ने मार गिराया?

~ ♡ ~

That Little Girl

Where did that girl go? Was she murdered or did she simply fade?

In what deep well of sorrow was her childhood laughter laid?

She who cried for broken toys, now smiles through every loss,

The one who feared the silence, now carries her own cross.

Small hands were forced to carry the heavy weight of family pride,

Until the dreams she used to chase, withered up and died.

To be the "perfect daughter," she traded her own soul,

Hiding tears from her mother, playing a happy, hollow role.

So tell me, where is she now? Does anyone truly know?

Did she die of her own will, or did the world deal the blow?

~ ♡ ~

20. खुदा से सवाल

किसी दिन जब मिलूँगी अपने उस ख़ुदा से,
तो पूछूँगी कि जब ज़िंदगी थी, तो ये ख़ामोशी क्यूँ थी?
ग़म की बारिश तो मैंने तन्हा ही गुज़ारी थी,
फिर खुशियों की रौशनी में ये भीड़ कहाँ से आई थी?
अगर साथ रहना नसीब नहीं था, तो हमें मिलाया क्यूँ?
झूठे ख़्वाब दिखाकर मुझे फिर इतना रुलाया क्यूँ?
क्या मैं बोझ बन गई थी अपनों के लिए,
जो आज मेरे जनाज़े पर हर कोई रोया?
क्या सच में मैं इतनी बुरी थी, ऐ खुदा?
बस यही एक सवाल पूछूँगी, जब मिलूँगी मैं तुझसे।

~♡~

A Question for God

The day I finally meet my God, I shall ask Him this:
When I was alive, why was Your silence so deep?
I endured the rains of sorrow all by myself
Then where did this crowd come from, now that I sleep?
If we weren't meant to stay, why did You bring us near?
Why show me false dreams, only to leave me in tears?
Had I become such a burden to those I called mine,
That they only found their grief when I ran out of time?
Was I truly that bad, O Lord? Tell me true.
This is the only thing I will ask, when I finally see You.

~ ♡ ~

21. डर सबको लगता है

यहाँ डर सबको लगता है, पर सबकी वजह अलग है,
किसी को मरने से खौफ़, तो किसी को जीने का दर्द है।
कोई डरता है अपनी मुस्कुराहट के पीछे छुपे उस गम से,
तो कोई डरता है अपनों को खो देने के सितम से।
किसी को झूठ के पकड़े जाने का गहरा सा डर है,
तो किसी को सच जान लेने के ख़याल का डर है।
कोई डरता है ख़ुदा से, तो कोई डरता है इंसान से,
कोई हाथ थामने से डरे, तो कोई रिश्तों के अंजाम से।
कोई डरता है खो जाने से, तो कोई मिल जाने से,
हाँ, यहाँ डर सबको लगता है, इस बेगाने ज़माने से।

~ ♡ ~

The Geometry of Fear

Fear finds a home in every heart, though the reasons never align,

Some are terrified of death, while others fear life's design.

One fears the sorrow hiding behind a smile so bright,

Another dreads the losing of a loved one in the night.

There is fear of a lie being caught, sharp and cold,

And the fear of a truth that is waiting to be told.

Some fear the hand of God, some fear the human face,

Some fear to hold a hand, some fear a love's embrace.

One fears being lost forever, one fears being finally found,

Yes, everyone is afraid, on this lonely, common ground.

~ ♡ ~

22. आज़ाद रूह

अब तुम्हें जाना है, तो शौक से जाओ,
मैं अब किसी को रोकने वाली नहीं।
जिसे जो करना है, वो करता रहे,
मैं अब किसी को टोकने वाली नहीं।
जो रिश्ते टूटे हैं, उन्हें अब टूटा ही रहने दो,
जो लोग रूठे हैं, उन्हें अब रूठा ही रहने दो।
न प्यार की भीख, न वक़्त का इंतज़ार माँगूँगी,
अब मैं अपनी इज़्ज़त का हिसाब खुद से माँगूँगी।
चुपचाप तुम्हारी दुनिया से दूर चली जाऊँगी,
फिर कभी लौट कर वापस न आऊँगी।
बिना कहे किसी से, अपनी राह बदल लूँगी,
मैं अपनी ज़िंदगी में अब आगे बढ़ जाऊँगी।

~ ♡ ~

A Soul Set Free

If you must leave, then go with pride,
I have no more will to make you stay.
Let the world do as it decides,
I'll no longer stand in anyone's way.
The broken bonds? Let them remain in pieces,
The angry hearts? Let their silence grow.
My begging for love and your time now ceases,
For I have found a self-respect you'll never know.
I'll vanish from your life without a single sound,
Never to return to the shadows I have known.
On a path of my own, where peace is finally found,
I am moving forward, and I am walking alone

~ ♡ ~

23. “तेरी मनपसंद”

अगले जन्म आऊँगी, तेरी मनपसंद बनकर,
तेरे घर में अपना एक छोटा सा घर बनाकर।
अगले जन्म में तुझको कभी न भुलाऊँगी,
मैं तुझको अपनी रूह से भी ज़्यादा चाहूँगी।
पूरी दुनिया से तेरे लिए मैं लड़ जाऊँगी,
बस तुझे देखूँगी और मुस्कुराती जाऊँगी।
हर मंदिर-मस्जिद में तेरे लिए दुआ माँगूँगी,
तेरे नाम का घर की चौखट पर दिया जलाऊँगी।
खुशी-खुशी तेरी माँ के पैर भी दबाऊँगी,
तेरे घर का चूल्हा मैं ही तो जलाऊँगी।
अगले जन्म आऊँगी तेरी मनपसंद बनकर,
सिर्फ़ तेरे लिए आऊँगी, एक नई ज़िंदगी बनकर।

~ ♡ ~

Your Choice

In the next life, I'll return as the one you truly choose,
Building a home in your heart that I'll never have to lose.
In that new dawn, I'll never let your memory fade,
Loving you with a depth that no shadow can invade.
I'll stand against the world, a shield for all your fears,
Finding my only joy in wiping away your tears.
I'll pray for you in every shrine, under every holy sun,
Lighting a lamp for you when the weary day is done.
I'll serve your home with love, with a heart so light and free,
Tending to every small task with joy and empathy.
Yes, I'll return for you, as the choice you'll finally make,
Born again just for you, for a love that will not break.

~ ♡ ~

24. वफ़ा का आख़िरी फूल

फूल चढ़ाने आ जाना तुम, गर मेरा दिल जल जाए,
अब मुझे डर लगता है इश्क़ की खुशबू से, कहीं ये फिर तड़पाए।
पर तुम फूल देना न छोड़ना, चाहे मैं फंदे से झूल जाऊँ,
बस मुझपे ही लुटाना उन्हें, ताकि मैं चैन से सो जाऊँ।
मेरी मोहब्बत को उस फंदे से यूँ ही टंगे रहने देना,
तुम प्यार का फूल बस मुझ पर, और किसी पर न चढ़ने देना।
वो आखिरी खत जो मैंने लिखा, उसे अपने पास ही रखना,
मेरी खामोशी को पढ़ लेना तुम, बस मेरा साथ न छोड़ना।
जब दुनिया पूछे मेरे बारे में, तो तुम बस मुस्कुरा देना,
मेरी अधूरी कहानी को, अपनी वफ़ा से सजा देना।

~♡~

The Last Flower of Loyalty

Come to offer me flowers, when my heart has turned to ash,

For I fear the scent of love now, like a sudden, stinging lash.

But do not stop your giving, even if I swing from the rope,

Lay your blooms upon my spirit my last and only hope.

Let my love remain there hanging, suspended in the air,

But promise me those petals are for me

and no one else to wear.

Keep that final letter close, the one I wrote in pain,

And read the silence in the ink, let my soul with you remain.

And if the world should ask of me, just smile and walk away,

Let your loyalty complete the words I never got to say.

~ ♡ ~

25. जहाँ रूहें मिलती हैं

चाँद और सूरज जिस ग्रहण में मिलते हैं, तुम वहाँ आना,
लैला और मजनू जिस पहाड़ पर मिलते हैं, तुम वहाँ आना।
तुम आना उस दुनिया में जहाँ हीर-रांझा मिलते हैं,
तुम मिलना मुझे कबूतरों की गुफ़्तगू में।
किताबों के पन्नों में, शराब की बोतलों में,
दिन के झोंकों में... तुम मिलना मुझे।
प्रेमी की मुस्कुराहट में, प्रेमिका की हिचकिचाहट में,
पुरानी तस्वीरों में, ख़्वाबों में, अरमानों में...
बस तुम मिलना मुझे।

~ ♡ ~

The Eternal Meeting

Meet me in the eclipse, where the sun and moon embrace,
On the mountain peaks where legends leave their trace.
Come to the world where timeless lovers finally unite,
Meet me in the soft cooing of pigeons taking flight.
In the ink of old books, in the spirit of the wine,
In the stray breeze of the day come and be mine.
In a lover's rare smile, in a girl's soft hesitation,
In old photographs and every dream's creation…
Just find me there.

~ ♡ ~

..

26. पुराने पते के सवाल

अब तुम कैसे हो?

क्या अब भी माँ को वैसे ही तंग करते हो,

क्या आज भी अपनी बहन से बे-मतलब लड़ते हो?

क्या पापा तुम्हें अब भी छोटी गलतियों पर डाँट देते हैं?

और क्या तुम आज भी अपने मन-पसंद खाने के लिए झगड़ लेते हो?

क्या पुराने दोस्तों से मिलते हो, या उन्होंने भी हाथ छोड़ दिया?

क्या तुम आज भी उन रास्तों से गुज़रते हो, जहाँ हमने साथ वक़्त तोड़ा था?

क्या तुम अब भी मुझसे प्यार करते हो?

तुम्हारी बहुत याद आती है, जैसे किसी खोई हुई दुआ की आहट,

इसीलिए तुमसे पूछा... एक आखिरी बार,

कि मेरे बिना, अब तुम कैसे हो?

~ ♡ ~

A Question for an Old Address

How are you doing now?

Do you still tease your mother with that mischievous grin,

And let the playful wars with your sister begin?

Does your father still scold you for the smallest of things,

And do you still fight for the joy that a favorite meal brings?

Do you still see your old friends, or have they let go of your hand?

Do you still walk the paths where our memories used to stand?

Tell me… do you still love me, through the distance and the fears?

I miss you like a prayer lost within a flood of tears.

So I ask you once more one final, soft plea

How are you living, now that you're living without me?

~ ♡ ~

27. साल की आखिरी दस्तक़

अब साल का अंतिम पड़ाव आ चुका है

अब तुम्हें भुलाने का वक़्त आ चुका है, उस मेरी दिल की गलियों से,

जहाँ तुम कभी गुज़रोगे नहीं।

अब शायद तुम कभी मुझसे मिलोगे नहीं, अगले साल से

तुम बस एक ख़्वाब बन कर रह जाओगे इस दिल में,

बस एक किस्सा बन कर रह जाओगे इन किताबों के पन्नों में।

न मुलाकात होगी, न कोई बात होगी,

तुम्हारी तस्वीर यादों के गुलदस्ते में रह जाएगी।

वो गाना जो मैं गाती थी, अब फिर कभी नहीं गाऊँगी,

जो अब मेरे किसी को न सुनाने वाले इरादे बन जाएँगे।

पर एक बात बताओ...

जब कैलेंडर बदलेगा और नई हवा चलेगी,

तब उस खालीपन का क्या करोगे, जो मैंने तुम्हारे नाम किया है?

क्या तुम भी मुझे उसी “अधूरे खत” की तरह जला दोगे?

~ ♡ ~

The Years Last Ghost

The year has reached its final shore,
The time has come to bar the door
To clear you from the alleys of my soul,
Where you shall wander nevermore.
Perhaps our paths will never cross again,
And you will fade into a dream of then
A story pressed between the paper's weight,
Sealed forever by the hands of fate.
No more meetings, no more words to share,
Just a silent portrait in the stagnant air.
The song I sang is silenced in my throat,
Drifting away on an unwritten note.
But tell me this…
When the calendar turns and the new winds blow,
What will you do with the hollow space I left in your wake?
Will you burn me too, like an unfinished letter?

~ ♡ ~

28. खाली सिंहासन

अब इस दिल में तुम्हारे बाद, कोई न आएगा,

तुम जो आए हो, तो इन ख़्वाबों में अब कोई और न समा पाएगा।

किरदार बन के आए हो, अब महफ़िल बन के जाओगे

वो गाना जो तुम गाते हो, अब कोई और न सुना पाएगा,

इस सूनी महफ़िल को अब कोई और न सजा पाएगा।

इस दिल में तुम्हारी जगह, अब कोई और न ले पाएगा।

मेरे वीरान आंगन में अब कौन दीया जलाएगा?

गुलाब का फूल तो सूख गया था, अब उसे फिर कौन खिलाएगा?

तुम जो आए थे तो प्रीत में सब द्वार बंद कर चुके हो,

अब उस ओर कोई न आ पाएगा।

तुम्हारी जगह इस दिल में, कोई और न ले पाएगा।

~ ♡ ~

The Sealed Entrance

After you, no one shall enter this heart again,
For you occupied my dreams and left them etched in pain.
You came as a character, but you leave as the entire play
And the songs you once sang have now faded away.
Who will light the lamp in my courtyard's desolate chill?
The rose has withered; who has the heart to make it bloom at will?
You've locked every door of love since the day you arrived,
Leaving no room for another to ever feel revived.
In the kingdom of this chest, your throne remains set,
For no one can take the place of the love I can't forget.

~ ♡ ~

Part 3:

ख़त

(Letters Written to Nobody)

29. जुदाई से मोहब्बत

बोलना भूल गया हूँ मैं,
अब तो सिर्फ़ तुमको जपता हूँ।
सब मैं तुम्हें भूल गया हूँ, बस मैं तेरी यादों से इश्क़ करता हूँ।
चाहत नहीं है तेरी मुझे, अब मैं तेरी रूह से वाकिफ़ हो चुका हूँ।
तू जिस मोड़ पर छोड़ गई थी मुझे,
मैं आज भी वहीं खड़ा हूँ।
मुझे मोहब्बत हो गई है हमारी जुदाई से,
तेरे हिज्र से लगाव है मुझे।
तुझसे परे एक दुनिया बना चुका हूँ,
कभी यहाँ थी तू,
अब तेरी फ़िराक़ को घर बना चुका हूँ मैं।

~ ♡ ~

In Love with the Distance

I have forgotten how to speak;
Your name is the only chant I seek.
I've forgotten everything except how to love your ghost,
For it is your soul I now know the most.
At the very turn where you left me behind,
I am still standing, frozen in time.
But I have fallen in love with our goodbye
This separation is the stars in my sky.
I've built a world that exists beyond your face;
You were once here, in this very place—
But now, I've made a home within your absence.

~ ♡ ~

30. “पागल का किरदार”

तेरी कहानी में, मेरा ज़िक्र भी होता है क्या?

ग़म की महफ़िल में जब सब छोड़ जाए, तुम्हें मेरी याद आती है क्या?

तेरी कहानी कोई पूछे तुझसे तो, तू मेरा नाम लेता है क्या?

जब कोई पूछे तुझसे, “कोई थी पागल तेरे पीछे,”

तो तुझे मेरा चेहरा याद आता है क्या?

जब देखता है उसकी आँखों में, मेरी रोती हुई आँखें दिखती हैं क्या?

क्या दिखता है तुझे मेरा टूटा दिल?

क्या दिखता है तुझे मेरा रूठा हुआ चेहरा, या दिखता है तुझे मेरा अनगिनत दर्द?

वो टूटे ख्वाब जो कभी मिल कर सजाए थे?

तो बोल, जब कोई पूछता है तुझसे तेरी कहानी

क्या तू मेरा नाम लेता है, या तू मुझे भूल जाता है?

~ ♡ ~

The Role of the Mad Girl

In the retelling of your life, do I even get a line?

When the crowds of joy depart, is your memory still mine?

When they ask of your past, do you speak of me at all?

Or when they say, "There was a crazy girl who chased you,"

Do you let my shadow fall?

When you look into new eyes, does my weeping ghost appear?

Do you see my sulking face, or just the shards of endless pain

From the dreams we built together, now dissolving in the rain?

Tell me, when the world demands to hear your history

Do you dare to claim my name, or have you murdered memory?

~ ♡ ~

31. बुझे दीये

इस दिवाली क्या तुम वापस आओगे?

सुना है यह रात खुशियाँ लाती है, क्या मेरे हिस्से की भी लाओगे?

जो बिखर गए थे आँगन में सपने हमारे, क्या उन्हें फिर समेट पाओगे?

क्या उजड़े हुए इस दिल को, तुम फिर से बसाओगे?

क्या उन अधूरे वादों को अब पूरा कर पाओगे?

क्या मुझे फिर से अपनी प्रेमिका कह कर बुलाओगे?

कहते हैं दिवाली पर बिछड़े भी मिल जाते हैं,

तो बोलो, क्या तुम इस बार लौट आओगे?

बुझ गए थे जो यादों के दीये, क्या उन्हें फिर जलाओगे?

कड़वाहट बहुत है इन यादों में, क्या प्यार की मिठास खिलाओगे?

~ ♡ ~

The Extinguished Lamps

Will you return to me this Diwali night?
They say it brings joy will you bring back my light?
The dreams that shattered across our floor,
Can you gather them up and love me once more?
Will you honour the promises you left half-said?
Or call me your "beloved" as the old paths we tread?
They say on this night, even the lost find their way,
So tell me, my love, are you coming to stay?
The lamps of our memory have long turned to grey
Will you light them again and drive the darkness away?
I've tasted the salt of tears for so long,
Will you feed me the sweetness where we both belong?

~ ♡ ~

32. आखरी होली

कि मैं तेरे साथ कभी होली नहीं खेल पाई,
तेरे रंग में मैं कभी रंग नहीं पाई।
वो लाल रंग कभी मेरे माथे में सिंदूर के रूप में नहीं चढ़ा,
कि मुझे बहुत शिकवे-शिकायत हैं खुदा से।
जब मेरी मृत्यु हो जाए, तो एक आखिरी बार
मुझे रंग लगाने आ जाना।
रंग लगाकर मेरी परछाई को रिहाई दे देना,
मुझे इस तन्हाई से दूर कर देना।
और तुम मुझसे आखिरी बार मिलो,
तुम गिले-शिकवे मिटा देना।
तुम रंग का गहना सजाकर मुझ पर, मुझे रिहा कर देना,
जब मेरी मृत्यु हो जाए, तब तुम मेरे साथ होली मनाना।

~ ♡ ~

The Last Holi

I never got to play Holi with you,
Never got to wear the hues you drew.
That crimson red never graced my brow as sindoor
For this, I hold a grudge against God's door.
But when death finally calls for me,
Come and paint me for the world to see.
Colour my shadow and set it free,
From this cage of lonely misery.
Meet me one last time and erase our regret,
Adorn me in pigments I can never forget.
When the breath leaves my body, and my life is through
Promise me, you'll play your last Holi with my ghost.

~ ♡ ~

33. उस पार की दुनिया

इस दुनिया के पार एक दुनिया है,
जहाँ बहती एक शांत सी नदी है।
उस नदी के पार एक छोटा सा घर होगा,
जहाँ हर मोड़ पर बस मेरा सबर होगा।
अगर मुकम्मल ना हो सका साथ हमारा यहाँ,
तो उस दुनिया में फिर अपना सपना सजा लेंगे।
हम मिलकर अपना एक छोटा सा जहाँ बना लेंगे,
जहाँ बिना किसी डर के, हम चैन से रहेंगे।
तू लकड़ियाँ काट कर लाएगा, मैं चूल्हा जलाऊँगी,
मैं खाना बनाकर तुझे अपने हाथों से खिलाऊँगी।
जहाँ सही और गलत की कोई दीवार ना होगी,
बस हम होंगे और हमारी मोहब्बत की दास्तान होगी।

~ ♡ ~

The World Beyond

Beyond the noise of this world, another one lies,
Where a silver river flows under velvet skies.
Across its banks, a cottage waits for two
Built from the patience I've kept just for you.
If we could not be "ours" in this life's fray,
We'll stitch our dreams where shadows don't stay.
You'll gather the wood, and I'll tend the flame,
Living a life that needs no pride or name.
Beyond the concepts of what is right or wrong,
I'll find you there, where we both belong.

~ ♡ ~

34. अधूरी कहानी

हमारी अधूरी कहानी पूरी करने आओगे ना?
जो वादे बीच में छोड़ दिए थे, उन्हें निभाने आओगे ना?
मेरा हाथ थाम कर फिर संग चलने आओगे ना?
मेरे गिरते हुए आंसुओं को पोंछने आओगे ना?
तुम अपनी माँ से मुझे मिलाने आओगे ना?
इस बेनाम रिश्ते को अपना बनाने आओगे ना?
अपनी मीठी बातों से मुझे फिर सताने आओगे ना?
मुझे अपना 'बच्चा' कह कर बुलाने आओगे ना?
जो पीछे छूट गए हैं निशान, क्या उन्हें मिटाने आओगे?
मेरे बीते हुए कल को, मेरे आज से मिलाने आओगे?
जहाँ खड़ा हूँ मैं आज भी, उसी मोड़ पर लौट आओगे?
क्या फिर से तुम मुझे अपना कहने का हक जताने आओगे?

~ ♡ ~

The Incomplete Story

Will you come back to finish the tale we began?
To hold to the promises, as only you can?
Will you walk by my side and take hold of my hand,
And help me to rise where I currently stand?
Will you lead me to meet the one who gave you birth?
To prove that our love has a place on this earth?
Will you tease me and call me your "child" once more
And walk through the light of my open door?
Will you return to the footprints we left in the dust?
To polish the memories now covered in rust?
I am still at that crossing, where you let me go,
Waiting for the only heart I'll ever truly know.

~ ♡ ~

35. दूरी का एहसास

अब उस दोस्त से बात नहीं होती,
वो पहले वाली मुलाक़ात नहीं होती।
बात तो अब भी किया करते हैं हम,
पर अब उनमें वो पहले वाली बात नहीं होती।
वो बैठता है किसी और के साथ अब,
वो रहता है किसी और के पास अब।
देखती हूँ ये सब, पर कुछ पूछती नहीं,
क्योंकि अब हममें वो पहले वाली बात नहीं होती
वो खिड़की आज भी खुली है इंतज़ार में,
वो कुर्सी आज भी खाली पड़ी है प्यार में।
शायद वो रात आज भी वीरान है,
जो तेरे इंतज़ार में आज भी बेज़ुबान है।
देर तक मैं आज भी नहीं सोती,
मैं रोती हूँ, पर तू जताने नहीं आता।
दिल दुखता है उसकी हरकतें देख कर, पर कुछ कहती नहीं उसको
क्योंकि अब वो पहले वाली बात नहीं होती।

~ ♡ ~

The Realisation of Distance

The conversation flows, yet the heart is still,
There's a winter in the air that we cannot chill.
He belongs to another, he lingers elsewhere,
While I breathe in the silence of my own despair.
The window stays open, the chair remains bare
Waiting for a ghost that is no longer there.
I lie awake late, but he won't come to keep
The promises he made before I could sleep.
My heart breaks to watch the way he behaves,
But I say nothing to the one my soul craves.
I keep my words locked behind a iron-bound door,
For we aren't who we were anymore.

~ ♡ ~

36. मेरे बाद

मेरे बाद तुम किसको सताओगे?
मेरे बाद तुम किसको अपना बनाओगे?
रात भर किसको अपनी बातों से जगाओगे?
किसे तुम हर वक़्त रुलाओगे?
मेरे बाद तुम किससे कहोगे अपना दर्द?
क्या रहोगे अकेले और सहोगे सब कुछ?
मेरे बाद किसको अपनी प्रेमिका बनाओगे?
मेरे बाद तुम किसकी यादों में आओगे?
तुम फिर किसको आशिक बना छोड़ जाओगे?
तुम किसका हाथ थामोगे, तुम फिर किसका चाँद बन जाओगे?
मेरे बाद तुम किसको चाहोगे?
मेरे बाद तुम किसे अपने घर लाओगे?
मेरे बाद तुम किसको सताओगे?
मेरे बाद तुम किसको चाहोगे?

~ ♡ ~

After Me

After I am gone, who will you tease and annoy?
Whose heart will you treat like a fragile new toy?
Who will you keep awake with your stories all night?
Whose tears will you trigger, then hide from the light?
Who will you turn to when your own soul is in pain?
Will you suffer in silence, through the wind and the rain?
After me, whose hand will you reach out to hold?
Whose moon will you be, when the nights grow too cold?

~ ♡ ~

37. दुआओं का फरेब

वो कहता है वो मुझसे प्यार नहीं करता,
फिर कैसे मान लूँ कि तू मुझे याद नहीं करता?
मैंने देखा है उसे मुझे छुप-छुप कर देखते हुए,
मैंने देखा है उसे मेरे बारे में लिखते हुए।
वो परेशान होता है मेरे ना आने से,
वो रोता है मेरी खुशियाँ खो जाने से।
वो कहता है वो मुझसे प्यार नहीं करता,
फिर कैसे मान लूँ उसकी ये झूठी बातें?
मेरी किसी बात पर वो इनकार नहीं करता,
वो मरता है मेरी बस एक झलक के लिये।
पर वो कहता है... अब वो मुझसे प्यार नहीं करता,
अपनी दुआओं में भी मुझे याद नहीं करता।
वो कहता है... वो प्यार नहीं करता।

~♡~

The Deception of Prayers

He claims he does not love me anymore,
Yet he waits like a shadow by my door.
I've caught him watching when he thinks I don't see,
Scribbling verses that are clearly about me.
He trembles with worry if I fail to appear,
He weeps for my joy and he anchors my fear.
How can I believe the cold words he has said,
When his heart beats a truth that he wishes was dead?
He lives for a glimpse, he denies me no whim,
Yet he swears I am no longer a part of him.
Even in prayer, he pretends I'm not there
But a lie doesn't vanish just by thin air.

~ ♡ ~

38. अनकही यादें

कुछ तो तू भी याद करता होगा,
कुछ तो तू भी बात करता होगा।
कभी-कभार तो तेरी आहें भी भर आती होंगी,
कभी-कभार तू भी मेरी तस्वीर देखता होगा।
कुछ तो मेरा होगा तेरे पास भी,
कुछ फूल तूने भी संभाल कर रखे होंगे।
कुछ गज़लें तो तूने भी लिखी होंगी,
कुछ आंसू तो तूने भी बहाए होंगे।
कुछ तो तूने भी प्यार किया होगा,
कुछ किस्से तू भी सुनाता होगा।
कुछ तो इश्क से तुझे भी डर लगता होगा,
कुछ बातें तुझे भी सताती होंगी।
कई रातें तूने भी बिन सोए काटी होंगी,
कुछ गाने तो अब तू भी नहीं सुन पाता होगा।
कुछ तो तुझे भी याद आती होगी,
कुछ यादें तुझे भी सताती होंगी।

~ ♡ ~

Unspoken Memories

Surely, you must remember a little of me too,
Surely, my name must sometimes break through.
Do your sighs ever carry the weight of the past?
Do you look at my picture, and wish it could last?
You must have kept a flower, now withered and dry,
You must have written verses you'll never let fly.
There are songs you avoid because they hurt to hear,
And nights where you're haunted by the ghosts of our fear.
I cannot believe I am the only one in pain,
Standing alone in this freezing rain.
Somewhere in your silence, I know I remain.

~ ♡ ~

39. मिटा हुआ पन्ना

अगर मैं लिख पाती तो, मैं लिखती हमारा ना मिलना,
इस कहानी का शुरू ना होना, तुम्हारा मुझसे ना मिलना।
अगर मैं लिख पाती तो, मैं मोड़ लेती रास्ता अपना,
उस मुलाक़ात से पहले ही, मैं छोड़ देती ये सपना।
मैं नहीं इंतज़ार करती तुम्हारे बुलाने का, तुम्हारे मनाने का,
मैं खुद को बचा लेती इस कदर टूटने और बिखर जाने से।
अगर मैं ये कहानी फिर लिख पाती,
तो खुदा की कसम, इसमें तेरा ज़िक्र तक ना होता।

~ ♡ ~

The Erased Page

If I held the pen to the book of our fate,
I would have arrived at the start much too late.
I would write of a world where we never met,
Saving my heart from this hollow regret.
I would have turned back before the first hello,
Choosing a path where you didn't need to go.
I wouldn't have waited for your call or your plea,
I would have stayed whole, I would have stayed me.
If I could rewrite how this story was grown
I swear to God, you'd be completely unknown.

~ ♡ ~

40. मेरी जगह कोई और

आज फिर दिल घबरा रहा है,
ना जाने किसको सीने से लगा लिया तुमने।
आज फिर ये हाथ काँप रहा,
ना जाने किसे तुमने अपनी प्रेमिका बुला लिया है।
आज फिर बे-मतलब आँखों से आँसू निकल रहे हैं,
ना जाने अब किसकी बाहों में फिसल गए हो।
अब किसका आँचल तुम संभाल रहे?
रातें फिर सुनी जा रही हैं,
अब तुम किसके लिये शायरी गा रहे हो?
अब तुम किसको अपने घर ला रहे हो?
किसको अपनी बीवी बता रहे हो?
अब तुम किसको मेरी जगह ला रहे हो?

~♡~

Someone Else

Today, my heart trembles with a familiar fear,
Wondering whose head you are holding so near.
My hands are shaking as the shadows descend,
Wondering who you now call 'lover' or 'friend.'
Unbidden tears escape from my eyes once more,
Asking whose arms you are waiting for.
Whose life are you weaving into your own?
Whose voice fills the silence of our empty home?
Who is the one you are bringing to your door?
Who is your 'wife' now? Who do you adore?
Tell me, who are you putting in the space that was mine?

~ ♡ ~

41. प्रेम पत्र

एक शाम एक बात लिखूँगी,
तुझको अपने साथ लिखूँगी,
इस खत में सजा कर प्यार अपना,
मैं तुझको अपनी बाहों में लिखूँगी।
जब आओगे घर तुम थक-हार कर,
मैं दुनिया की सारी दौलत लुटाऊँगी,
जब ये दुनिया खफ़ा हो जाएगी तुमसे,
मैं तब भी सिर्फ तेरे साथ रहूँगी
मरूँगी-जियूँगी तेरे लिये,
हँसूँगी-रोऊँगी भी तेरे लिये,
अगर ये लोग हुए तेरे खिलाफ,
तो सबसे मैं अकेले ही लड़ूँगी।
फिर एक शाम एक बात लिखूँगी,
तुझको अपने साथ लिखूँगी,
इस खत में भर कर अपना प्यार,
मैं सब कुछ तुझपे लुटा दूँगी मेरे यार।

~ ♡ ~

Love Letter

One evening, I'll write a story anew,
And on every page, I'll write of you.
I'll dress this letter in a love so deep,
With promises only my arms can keep.
When you return home, weary and spent,
My world will be yours, every treasure I'm sent.
Though the world turns cold and walks away,
It's by your side that I'll choose to stay.
I'll live for you, I'll die for you too,
I'll laugh and I'll cry for no one but you.
If the crowds all gather to cast their blame,
I'll fight them alone to protect your name.
So one evening, I'll write a truth so rare,
Of the love that we used to breathe and share.
I'll pour my soul into this letter, my friend,
And give you my all, until the very end.

~ ♡ ~

42. आज़ादी का सौदा

तू लौट कर आ तो सही, मैं आज भी वहीं हूँ,
एक बार फिर उन प्यार भरी निगाहों से देख, मैं वहीं हूँ।
बिखरी, सहमी, जैसी भी हूँ बस तेरी हूँ,
तू लौट कर आ तो सही, मैं फिर इस दुनिया से लड़ जाऊँगी।
मैं फिर एक बार तेरे प्यार में ज़लील हो जाऊँगी,
जो तुमने शराब का सहारा लिया है, वो छुड़ा दूँगी।
तू लौट कर आ तो सही, मैं वापस तेरी हो जाऊँगी,
अपनी आज़ादी त्याग, तेरी कैद में रह जाऊँगी।
हर रात पकवान बनाऊँगी, तू लौट कर आ तो सही,
मैं फिर कभी नहीं जाऊँगी, तेरे माँ-बाप के पैर दबाऊँगी।
तेरे हर झूठ पर फिर से यक़ीन करूँगी,
फिर तेरे प्यार में पागल दीवानी बन जाऊँगी।
तू लौट कर आ तो सही...

~ ♡ ~

Trading Freedom

Just return to me once, for I am still standing here,
Waiting for that look of love to drown out every fear.
Broken and trembling, I belong only to you,
Just come back, and there's nothing I won't do.
I'll let myself be humbled in your love once more,
I'll heal the wounds you've gathered at every bottle's door.
I'll surrender my freedom, I'll trade the open sky,
Just to live within your walls, even if it's a lie.
I'll serve your home, I'll believe every word you tell,
Walking back into the heaven that's actually a hell.
Just return to me…

~ ♡ ~

Part 4:

राख

(Beauty in the Aftermath)

43. मैं लिखती हूँ,

वो मैं लिखती हूँ, मैं लिखती हूँ,
वो सब जो मैं बयाँ नहीं कर सकती।
मैं लिखती हूँ टूटे ख़्वाबों को,
उन सूखे हुए गुलाबों को।
पुरानी अनकही बातों को,
झूठे वादों को और अपने दर्द को।
मैं अपने अधूरे हमदर्द को लिखती हूँ,
मैं लिखती हूँ वो सब, जो मैं सह ना पाई।
हमारी जुदाई, उसके बाद मेरी तन्हाई,
मैं अपने मन को चैन दिलाने के लिये लिखती हूँ।
उसे भुलाने के लिये लिखती हूँ,
बस इसीलिये मैं लिखती हूँ।

~ ♡ ~

Why I Write

I write the words I can never speak aloud,
Hiding my secrets beneath a paper shroud.
I write of the dreams that shattered on the floor,
And the dried roses that bloom for me no more.
I write of the promises that turned out to be lies,
Of the heavy silence and the tear-filled eyes.
I write of the companion who left me half-way,
Of the pain that grows sharper with every passing day.
I write to find the peace that my heart lacks,
Walking away from the ghost on these paper tracks.
I write to forget, to finally be through
That is simply why I write of you.

~ ♡ ~

44. अनकहे सवाल

अगर तुम वापस आओगे तो क्या करोगे?
क्या थामोगे मेरा हाथ पहली बार की तरह,
या मेरे नेत्रों में अपने लिए फिर वही प्रेम ढूँढोगे?
अगर तुम वापस आओगे तो क्या करोगे?
क्या तुम वापस वफ़ादारी की कसमें खाओगे?
क्या बोलोगे कि फिर से प्यार करते हो मुझसे,
क्या फिर बोलोगे कि बिंदी में अच्छी लगती हो?
और जब मैं चली जाऊँगी, तो क्या तुम रोओगे?
जब तुम्हारा दिल बिखर जाए, तब क्या तुम मेरा इंतज़ार करोगे?
और सुनो... अगर तुम वापस आओगे तो क्या करोगे?

~ ♡ ~

Unanswered Questions

If you ever find your way back, what will you do?
Will you reach for my hand like it was something new?
Will you search my eyes for the love you once knew,
And swear that this time, your heart will be true?
Will you tell me you love me, with words soft and sweet?
Will you notice the bindi, and make my heart beat?
And when I am gone, and the distance is wide,
Will you finally weep for the girl by your side?
When your world falls apart and you're broken and blue,
Will you wait for me then… like I waited for you?

~ ♡ ~

45. समझौते का इश्क़

सामने बैठा था वो मेरे, पर मेरा न था,
मेरी आँखें उस पे थीं, उसकी किसी और पर।
हाथ तो मेरा थामा था उसने उस पल,
पर शायद दिल में किसी और का नाम था।
कहता था प्यार करता हूँ तुझसे,
पर शायद मुझमें उसको ही ढूँढता था।
मेरी आँखों में जब भी देखता था वो,
अपनी उसी पुरानी चाहत को ढूँढता था।
करता था उसका ज़िक्र कई बार मेरे आगे,
बोलता था कि उसके जैसी कोई और नहीं।
फिर मेरा हाथ थाम कर कहता
"चल कोई नहीं, तू भी सही"।

~ ♡ ~

Love of Compromise

He sat across from me, but he wasn't mine,
An empty space where a heart should align.
My eyes were on him, his were elsewhere,
Caught in a ghost's tangled, golden hair.
He held my hand while we walked the street,
But another name made his heartbeat beat.
He swore he loved me, a practiced refrain,
But in my reflection, he searched for her name.
He spoke of her beauty, how none could compare,
Leaving my spirit stripped naked and bare.
Then he'd squeeze my hand, a consolation prize
"Never mind," he'd say, you'll do, in my eyes."

~ ♡ ~

46. माँ, मुझे माफ़ करना

माँ मुझे माफ़ करना, मैं आपकी पसंदीदा बेटी नहीं बन पाई,
आपकी जैसी ममता, आपका अक्स तक नहीं बन पाई।
मैं एक अच्छे भाई जैसी भी नहीं बन पाई,
मुझे तो ठीक से चाय बनानी भी नहीं आई।
मैं हमेशा तन्हाई में रही, हर बात को गहराई से सोचती रही,
मेरी परछाईं भी आपको हर वक्त तंग करती रही।
माफ़ करना माँ, मैं वो बेटी नहीं बन पाई जो आप चाहती थीं,
मैं तो बस हर वक्त आपसे लड़ती ही रही।
घर की सफ़ाई से ज़्यादा मेरा ध्यान मेरी कमाई पर था,
और शायद इसीलिए मैं घर के लिए एक रुसवाई बन गई।
मुझे माफ़ कर देना माँ...
क्योंकि मैं चाहकर भी आप जैसी नहीं बन पाई।

~ ♡ ~

Mother, Forgive Me

Forgive me, Mother, for I am not the daughter you desired,

I lack your graceful heart, the quiet strength you've acquired.

I couldn't be the brother, or the child who serves with ease,

I never even learned to make the tea or aim to please.

I lived within my silence, lost in thoughts too deep and dark,

While my shadow only left a cold and troubling mark.

I was never the girl you wanted, I was only ever a fight,

Arguing in the shadows, hiding from your light.

I focused on my ambition, on the life I chose to earn,

Neglecting every household chore, with lessons left to learn.

I became a source of shame for the home I should have blessed,

Forgive me, Mother, for I failed your final test.

~ ♡ ~

47. चाँद से फ़रियाद

क्या तुम भी चाँद को देख फ़रियाद करते हो?
क्या तुम भी रातों को बैठ कर मुझे याद करते हो?
कई दिन गुज़र गए अब हमारी जुदाई को,
क्या आज भी किसी को अपनी प्रेमिका बताते हो?
क्या तुम भी उस चाँद से फ़रियाद करते हो,
अपने यारों के सामने क्या तुम भी रोते हो?
इस अँधेरी रात में क्या मेरे बारे में सोचते हो?
क्या मुझे खोता देख तुम भी खुद को खो देते हो?
क्या मेरे मन के सवालों जैसा तुम्हारे मन में भी बवाल है?
क्या उस काली रात और फरवरी के महीने को आज भी देखते हो?
क्या तुम भी चाँद को देख फ़रियाद करते हो,
क्या तुम भी रातों को बैठ कर मुझे याद करते हो?

~ ♡ ~

A Plea to the Moon

Do you also look at the moon and send a plea?
Do you sit in the silence and think of me?
Days have turned to distance since we said goodbye,
Do you still call me yours under the starlit sky?
Do you weep before your friends when my name is said?
Does this dark night bring ghosts into your bed?
When you saw me slipping away, did you lose yourself too,
Or am I the only one left broken and blue?
Does your heart feel the same storm that rages in mine?
Do you still look for that February night that cold, dark line?
Do you also look at the moon and send a plea,
Sitting in the silence... wondering about me?

~ ♡ ~

48. अगर हम फिर मिले

एक दिन अगर ज़िन्दगी के सफ़र में,
हम वापस मिल गए, तो तुम क्या करोगे?
आँखें जब मिल जाएँगी, तो क्या तुम मुस्कुराओगे?
या शायद तुम मुझे तब तक भूल चुके होगे?
अपनी ज़िन्दगी में काफी आगे बढ़ चुके होगे।
क्या मेरी एक झलक तुम्हें वक़्त में पीछे खींच लेगी?
क्या तुम्हें भी याद आएँगे हमारे वो हसीन सपने,
साथ रहने के वादे और उन्हें निभाने की कसमें?
क्या तुम हँस कर कह दोगे "पागल था मैं",
कि कच्ची उम्र के प्यार कभी सफल नहीं होते?
पर ये जो निशान तुम छोड़ गए हो, ये बड़े पक्के हैं,
क्या अपनी बेटी को देख कर कभी मेरी बातें करोगे?
क्या उसे याद कर रोओगे, जो कभी तुम्हारा "महबूब" था?
जिसकी हसरतों की तुमने कभी नुमाइश की थी?
अगर मिल गई मैं तुम्हें फिर इस ज़िन्दगी के सफ़र में,
तो बताओ... तुम क्या करोगे?

~ ♡ ~

If We Meet Again

If one day, on this long and winding road,
Our paths should cross and ease our heavy load
When our eyes meet, will a smile grace your face,
Or have you erased every memory and trace?
Will a glimpse of me pull you back through the years,
To the beautiful dreams and the salt of our tears?
Will you laugh and say we were just young and naïve,
That "young love" is a web that we eventually leave?
But these scars that you left, they are etched in my soul,
A permanent part of a heart that's not whole.
Will you ever tell your daughter of the girl you once knew,
The one you once worshipped, the one who loved you?

~ ♡ ~

49. मुक़द्दर का इश्क़

तो एक दिन तुम्हें भी प्यार मिलेगा,
मिलेगा ऐसा प्यार कि हर फूल खिलेगा।
तुम्हारे दिन का हर लम्हा चमकेगा,
एक दिन तुम्हें भी वो प्यार मिलेगा।
मिलेगा ऐसा इश्क़ जो तुम्हें,
ज़िंदगी में आगे बढ़ने पर मजबूर करेगा।
वो खड़ा रहेगा तुम्हारे साथ हर कदम,
कभी अकेला नहीं छोड़ेगा।
वो तुमसे इतना प्यार करेगा,
वो तुम पर मर-मिटेगा तो प्रिये,
मुझ पर विश्वास रखना।
रात कितनी भी अँधेरी हो,
राह कितनी भी डरावनी लगे,
एक दिन तुम्हें भी वो प्यार मिलेगा।

~ ♡ ~

The Destined Love

One day, love will find you once more,
A bloom like you've never seen before.
Every moment will start to shine and glow,
And you'll finally let the old shadows go.
You'll find a love that pushes you high,
Towards the bright stars in the open sky.
He will stand by your side, steady and true,
Never leaving the world to just you.
So trust me, my dear, keep your faith bright,
No matter how dark or scary the night.
For after the struggle and after the pain,
True love will find its way back again.

~ ♡ ~

50. सुकून का कोना

अब बस अकेले रहने का मन करता है,
हमें ये सुनना पसंद नहीं
"कि तुम ज़िन्दगी नहीं जी रही।"
अब हमारा ज़िन्दगी जीने का यही तरीक़ा है,
अब बस लोगों से दूर रहने का मन करता है।
शाम की चाय और माँ से बात करना हमें सुकून देता है,
और बस चंद ही लोग हैं जिनसे बात करने का मन करता है।
वरना तो अब बस अकेले रहने का मन करता है।
लोग कहते हैं कि तुम बहुत चुप हो गई हो,
अपने आप में ही कहीं खो गई हो।
अब उन्हें क्या बताएं,
अब बस अकेले रहने का मन करता है।

~ ♡ ~

A Corner of Peace

I find myself craving the silence and the shade,
Tired of the comments that others have made.
"You aren't truly living," they say with a sigh,
But they don't see the world through my tired eye.
Evening tea and a talk with my mother,
I find more peace there than in any other.
There are only a few whose voices I seek,
The rest of the world is too loud and too bleak.
They tell me I'm quiet, that I've lost my way,
Lost in a fog where the colours are grey.
But how do I tell them, in words soft and clear
That solitude is the only home I hold dear?

~ ♡ ~

51. खुद को एक खत

तो एक खत खुद के नाम लिखूँगी,
मैं खुद के लिए जीना सीखूँगी।
मैं खुद में ही अब खुलकर हँसूँगी,
बेफ़िक्र जियूँगी।
अब सिर्फ खुद से प्यार करूँगी,
मैं थोड़ा सा मतलबी भी बनूँगी।
मैं थोड़ा अपने लिए जियूँगी।
ये समाज के नियमों पे नहीं,
अब मैं अपनी राह पर चलूँगी।
मैं अब एक लंबी उड़ान भरूँगी,
मैं थोड़ी मैं खुद की सुनूँगी।
मैं थोड़ा खुद से प्यार करूँगी,
मैं खुद को एक खत लिखूँगी।

~ ♡ ~

A Letter to Myself

Today, I'll take a pen and write a line or two,
A letter to the girl I never really knew.
I'll learn to live for me, to laugh without a care,
And find the hidden strength that's always been right there.
I'll choose to be "selfish," or so the world might say,
But I'm just reclaiming the parts of me that stray.
No longer bound by rules or what the neighbours think,
I'm standing on the edge, and I refuse to blink.
I'll spread my weary wings and take a long, high flight,
Guided by my own voice through the darkest night.
Yes, I will love myself with a fire bold and true,
And start the life I owe to the girl I always knew.

~ ♡ ~

52. अजनबी

फिर मिलूँगी मैं तुमसे किसी नए मोड़ पर,
किसी नई कहानी में अजनबी बन कर।
प्यार की भाषा मैं तब तक भुला चुकी हूँगी,
अपने दर्द इस ब्रह्मांड के नीचे दबा चुकी हूँगी।
जब हम मिलेंगे फिर कभी,
तुम्हारे दिए यादों का गुलदस्ता मैं फेंक चुकी हूँगी।
जो रेखाएं मैंने खींची थीं कभी अपने हाथ पर,
मैं उन्हें अब पूरी तरह मिटा चुकी हूँगी
तुमने जो कष्ट दिए थे इस सीने में कभी,
मैं उन्हें अब खुद के लिए प्रेम में बदल चुकी हूँगी।
और जब मिलोगे मुझे तुम फिर कभी,
मैं एक मुकम्मल अजनबी बन चुकी हूँगी।

~ ♡ ~

The Familiar Stranger

Perhaps we'll meet where the new roads bend,
In a brand new story where our shadows blend.
But the language of 'us' will be lost to my tongue,
And the songs of our sorrow will stay unsung.
The bouquet of memories you left in my hand,
I'll scatter like dust across a foreign land.
The lines I once etched on the palm of my skin,
I've erased them to let a new lifetime begin.
The thorns of the pain you once drove through my chest,
I've turned into flowers, put the heartache to rest.
So if ever our paths should accidentally twin
You'll be looking at a stranger you've never been in.

~ ♡ ~

53. आख़िरी दरवाज़ा

बंद कर दो, अब किसी से दिल लगाना,
फिर बेकार में अपना दिल तुड़वाना।
बंद कर दो वो खिड़कियाँ जो अब सिर्फ़ दर्द दें,
वो किताब जो तुम पहले ही पढ़ चुके हो।
बंद कर दो वो दरवाज़ा जिससे अब कोई आता नहीं,
खाना डालना बंद कर दो उन परिंदों को जिन्हें क़दर नहीं।
अपने आप को जलाना, रुलाना और तड़पाना
अब ये सब बंद कर दो।
जिसे फ़िक्र नहीं तुम्हारी, उसके लिए भूखे सोना,
और आँसू बहाना अब छोड़ दो।
बंद कर दो अब इंतज़ार करना,
इस झूठ को प्यार मानना अब बंद कर दो।
बस बंद कर दो, अब किसी से दिल लगाना,
और फिर अपना ही दिल तुड़वाना।

~ ♡ ~

The Last Door

Just stop it now don't offer up your heart,
Only to watch it be slowly torn apart.
Close the windows where only the cold winds blow,
And put down the book whose ending you already know.
Lock the door where no one ever knocks or calls,
Stop feeding the birds who vanish when the evening falls.
Stop burning yourself just to keep the ghost warm,
Stop seeking a shelter inside of the storm.
If they don't care, why should you weep and fast?
Let the shadows of the "waiting" stay in the past.
Stop calling this lie a "love" that was true,
And stop breaking the heart that belongs only to you.

~ ♡ ~

54. आख़िरी ख्वाहिश

जब ज़िंदा थी तब तुम ख़फ़ा थे, चलो कोई बात नहीं,
पर मेरी आख़िरी सांसों में आ जाना।
तुम फूल देना न आ सके, कोई ग़म नहीं,
पर फूल चढ़ाने ज़रूर आ जाना।
खाना तो नहीं खाया मेरे परिवार के साथ,
पर मय्यत से खा के जाना।
सुना है बहुत खुश हो उसके साथ,
चलो, उसे भी साथ ले आना।
जब कोई पूछे तुमसे कि ये कौन था तुम्हारा जो गुज़र गया,
तो मुझे अपना "इश्क़" कह के बताना।
बस कुछ दिन मेरी याद में बिताना,
जो ख़्वाब सजाए थे हमने साथ में, उन्हें सबको बता रुलाना।
और जब मुझे जलाया जाए, बस एक बार मेरा हाथ थामना,
फिर हँसते हुए मुझे भुला कर चले जाना।

~ ♡ ~

My Last Wish

You were angry while I was alive, but that's alright,
Just promise to show up for my final breath's light.
You couldn't bring me flowers then, I won't complain,
But come and lay them on my grave to ease the pain.
You never shared a meal with those I call my own,
But eat at my funeral, before I am left alone.
I hear you're happy with her, living a life so new,
Fine then on that day, bring her along with you.
When they ask who I was to you, as I pass away,
Call me your "Love" let that be what you say.
Spend just a few days lost in thoughts of me,
Tell them our broken dreams, let the world finally see.
And as the fire claims me, hold my hand one last time,
Then leave with a smile, and forget I was ever mine.

~ ♡ ~

55. श्मशान तलक

श्मशान तलक जब फिर कभी मिलन होगा तेरा मेरा,
मैं मिट्टी के नीचे सो रही हूँगी, तू मिट्टी के ऊपर रो रहा होगा।
मुझ पर फूल बरस रहे होंगे, तू भी फूल लाया होगा,
एक झलक देखने को तरस जाएगा तू, जब मुझे जलाया जाएगा।
रोएगा तू फूट-फूट कर जब मेरा खुदा मुझसे रूठ जाएगा,
मुझे जब चिता पर लेटाया जाएगा, क्या तब भी तू मुझसे रूठ जाएगा?
श्मशान तलक जब फिर कभी मिलन होगा तेरा मेरा,
मैं मिट्टी के नीचे सो रही हूँगी, तू मिट्टी के ऊपर रो रहा होगा।

~♡~

Until the Crematorium

When we meet again at the edge of the pyre,

I'll be sleeping in the earth, and you'll be weeping by the fire.

Flowers will shower over me, and you'll bring a bouquet too,

But you'll ache for one last glimpse as the flames hide me from view.

You will break down and sob as even my God turns away,

But as they lay me on the wood, tell me what will you say?

Will you still hold your grudges? Will you still stay cold,

When the dirt is my only blanket and the story is all told?

~ ♡ ~

56. आखिरी खत

बहुत दिन गुज़र गए हैं इस दिन को गुज़रे हुए,
एक अरसा सा हो गया है हमें बिछड़े हुए।
अब तो तुम्हारी उतनी याद भी नहीं आती,
हाँ, कभी-कभार किसी भारी महफ़िल में तेरा नाम आ जाए तो बात और है।
पर अब वो यादें खाली नहीं जाती,
अब मुझे वक़्त पर नींद आ जाती है और चैन मिलता है,
क्योंकि अब सपनों में तुम्हारा आना बंद सा हो गया है।
कहते हैं वक़्त सब ठीक कर देता है,
अजीब है ना... पहले तुम्हारे बिना एक दिन नहीं गुज़रता था,
अब एक साल हो गया है।
शायद तुम भी सही थे, पर मैं भी गलत नहीं थी,
लिखा होगा तो फिर मिलेंगे, नहीं तो इस जन्म के लिए–
अलविदा।

~ ♡ ~

The Last Letter

So many days have passed since that day left us behind,
It feels like an era since we were intertwined.
The sharp sting of your memory doesn't visit as much,
Unless a crowded room mentions your name and such.
But those memories no longer leave me hollow and drained,
I sleep on time now, and peace has been regained.
My dreams are finally quiet, free from your ghost,
The version of you I used to miss the most.
They say time heals everything, and maybe it's true,
It's strange once I couldn't survive a day without you,
Now a whole year has slipped by into the blue.
Perhaps you were right, but I wasn't wrong either,
If destiny wills it, we'll meet if not,
Goodbye, for this lifetime.

~ ♡ ~

उपसंहार:

मोहब्बत में दो ही चीज़ें मुकम्मल होती हैं या तो मिलन, या फिर मुकम्मल खामोशी। हमारा मिलन मुक़द्दर में नहीं था, सो मैंने खामोशी को चुन लिया है। ये किताब वो आख़िरी शोर है जो मैंने मचाया, इसके बाद अब सिर्फ़ सन्नाटा होगा।

मुसाफिर निकल चुका है, और रास्ता अब बंद है।

~ ♡ ~

Epilogue:

In love, only two things ever reach completion either a union, or a complete silence. A union was not in our destiny, so I have chosen the silence. This book is the very last noise I will ever make after this, there is only the void.

~ ♡ ~

पाठक के लिए एक पैग़ाम

अगर आप इन अल्फ़ाज़ों को पढ़ रहे हैं, तो इसका मतलब है कि आप खामोशियों के इस सफर में मेरे साथ रहे हैं। यहाँ तक साथ निभाने के लिए शुक्रिया।

ये पन्ने उन लम्हों की पैदाइश हैं जब दुनिया बहुत शोर भरी और दिल बहुत भारी महसूस होता था। ये वो 'अनकहे खत' हैं जो हम सब अपने अंदर समेटे हुए हैं वो बातें जिन्हें हम खो जाने के डर से कभी कह नहीं पाते। यह किताब इस बात का सबूत है कि आपकी संवेदनशीलता कोई कमज़ोरी नहीं, बल्कि आपकी सबसे बड़ी ताक़त है।

उम्मीद है कि आखिरी खत ने आपके दिल के उन कोनों को छुआ होगा जिन्हें अक्सर अनदेखा कर दिया जाता है। याद रखिये, ज़रूरत से ज़्यादा महसूस करना कोई गुनाह नहीं है। अगर आपका दिल गहराई से महसूस करता है, तो इसका मतलब है कि उसमें जीने की बेतहाशा ताक़त है।

इस किताब को इस यकीन के साथ बंद कीजिये कि आप अकेले नहीं हैं। सफ़र चाहे कितना भी मुश्किल क्यों न हो, कहानी अभी बाकी है।

~ ♡ ~

Note to the Reader

If you are reading these words, it means you have traveled through the shadows and the silences of this journey. Thank you for staying until the very end.

These pages were born from the moments when the world felt too loud and the heart felt too heavy. They are the "unsent letters" we all carry within us. the things we are often too afraid to say out loud for fear of being misunderstood. By holding this book, you are holding a reminder that your sensitivity is not a flaw; it is your greatest strength.

I hope Akhri Khat found the places in you that feel lonely in the middle of the night. I hope it told you that it's okay to feel "too much," and to love with an intensity that others might not understand. You aren't broken for having a heart that feels; you are simply alive.

Close this book, take a deep breath, and remember: No matter how difficult the chapter, the story is still being written.

~ ♡ ~

लेखिका के बारे में

ओडिशा की माटी से जुड़ी पूर्वी पटनायक मात्र १३ वर्ष की हैं, पर उनकी सोच में उम्र से कहीं ज़्यादा गहराई है। उनकी पहली किताब, आखिरी खत, उन जज्बातों का एक बसेरा है जिन्हें अक्सर अनकहा छोड़ दिया जाता है। यह संग्रह ५६ ऐसी कविताओं का एक संदूक है जो खामोशी और अल्फाज़ों के बीच के फासले को मिटाती हैं।

इस किताब की रूह उनकी छठी कक्षा की उन पुरानी डायरियों में बसी है, जिन्हें उन्होंने बरसों से सहेज कर रखा था। हिंदी, अंग्रेज़ी के मेल से बनी ये रचनाएँ उन 'खतों' को आवाज़ देती हैं जो कभी अपने पते तक पहुँच ही नहीं पाए। पूर्वी के लिए लिखना सिर्फ एक हुनर नहीं, बल्कि अपनी रूह को पन्नों पर उतारने का एक ज़रिया है।

मुझसे जुड़ें

अगर इन पन्नों ने आपकी खामोशी को छुआ है, तो मुझे आपके खतों का इंतज़ार रहेगा:

ईमेल: beenapraveena@gmail.com

~ ♡ ~

About the Author

Poorvi Patnaik is a 13-year-old author based in Odisha, India, who believes that some of the most important things in life are those that remain unsaid. Her debut collection, Akhri Khat, is an intentional journey through the graveyard of silence,turning years of quiet observation into 56 bilingual poems.

Born from the private pages of her 6th-grade diaries, this collection represents a bridge between her younger self and the voice she has found today. By weaving together Hindi, and English, she creates a sanctuary for the unposted letters we all carry but never find the courage to send. A student with a deep-seated reverence for the written word, Poorvi proves that age is no barrier to depth, exploring the weight of language and how it shapes our reality

Connect with the Author

If these pages found a home in your heart, I would love to hear from you.

Email: beenapraveena@gmail.com

~ ♡ ~

अंत

♡

The End

www.ingramcontent.com/pod-product-compliance
Lightning Source LLC
LaVergne TN
LVHW100323210926
848480LV00003B/1230